中共中央国务院
关于坚持农业农村优先发展做好“三农”工作的若干意见

人民出版社

目　录

中共中央国务院关于坚持农业农村优先发展做好“三农”工作的若干意见 ……… （1）

一、聚力精准施策，决战决胜脱贫攻坚…… （2）

二、夯实农业基础，保障重要农产品有效供给 ……………………………… （5）

三、扎实推进乡村建设，加快补齐农村人居环境和公共服务短板 ……………… （9）

四、发展壮大乡村产业，拓宽农民增收渠道 ……………………………… （12）

五、全面深化农村改革，激发乡村发展活力 ……………………………… （15）

六、完善乡村治理机制，保持农村社会和谐稳定……………………………… （20）

七、发挥农村党支部战斗堡垒作用，
全面加强农村基层组织建设 ………… (22)
八、加强党对“三农”工作的领导，落实
农业农村优先发展总方针 …………… (24)

对标硬任务　做好“三农”工作 ………………… (29)
——访中央农办主任、农业农村部部长韩长赋

决胜全面建成小康社会　推进乡村
全面振兴 ……………………… 人民日报社论(38)

中共中央国务院
关于坚持农业农村优先发展
做好“三农”工作的若干意见

（2019年1月3日）

今明两年是全面建成小康社会的决胜期，“三农”领域有不少必须完成的硬任务。党中央认为，在经济下行压力加大、外部环境发生深刻变化的复杂形势下，做好“三农”工作具有特殊重要性。必须坚持把解决好“三农”问题作为全党工作重中之重不动摇，进一步统一思想、坚定信心、落实工作，巩固发展农业农村好形势，发挥“三农”压舱石作用，为有效应对各种风险挑战赢得主动，为确保经济持续健康发展和社会大局稳定、如期实现第一个百年奋斗目标奠定基础。

做好“三农”工作，要以习近平新时代中国特色社会主义思想为指导，全面贯彻党的十九大和十九届二中、三中全会以及中央经济工作会议精神，紧紧围绕统筹推进“五位一体”总体布局和协调推进“四个全面”战略布局，牢牢把握稳中求进工作总基调，落实高质量发展要求，坚持农业农村优先发展总方针，以实施乡村振兴战略为总抓手，对标全面建成小康社会“三农”工作必须完成的硬任务，适应国内外复杂形势变化对农村改革发展提出的新要求，抓重点、补短板、强基础，围绕“巩固、增强、提升、畅通”深化农业供给侧结构性改革，坚决打赢脱贫攻坚战，充分发挥农村基层党组织战斗堡垒作用，全面推进乡村振兴，确保顺利完成到2020年承诺的农村改革发展目标任务。

一、聚力精准施策，决战决胜脱贫攻坚

（一）不折不扣完成脱贫攻坚任务。咬定既定脱贫目标，落实已有政策部署，到2020年确保现行标准下农村贫困人口实现脱贫、贫困县全部摘帽、解决区域性整体贫困。坚持现行扶贫标准，全面排查解决影响“两不愁三保障”实现的突出问题，防止盲

目拔高标准、吊高胃口，杜绝数字脱贫、虚假脱贫。加强脱贫监测。进一步压实脱贫攻坚责任，落实最严格的考核评估，精准问责问效。继续加强东西部扶贫协作和中央单位定点扶贫。深入推进抓党建促脱贫攻坚。组织开展常态化约谈，发现问题随时约谈。用好脱贫攻坚专项巡视成果，推动落实脱贫攻坚政治责任。

（二）主攻深度贫困地区。瞄准制约深度贫困地区精准脱贫的重点难点问题，列出清单，逐项明确责任，对账销号。重大工程建设项目继续向深度贫困地区倾斜，特色产业扶贫、易地扶贫搬迁、生态扶贫、金融扶贫、社会帮扶、干部人才等政策措施向深度贫困地区倾斜。各级财政优先加大“三区三州”脱贫攻坚资金投入。对“三区三州”外贫困人口多、贫困发生率高、脱贫难度大的深度贫困地区，也要统筹资金项目，加大扶持力度。

（三）着力解决突出问题。注重发展长效扶贫产业，着力解决产销脱节、风险保障不足等问题，提高贫困人口参与度和直接受益水平。强化易地扶贫搬迁后续措施，着力解决重搬迁、轻后续帮扶问题，确保搬迁一户、稳定脱贫一户。加强贫困地区义务教育控辍保学，避免因贫失学辍学。落实基本医疗保险、大病保险、医疗救助等多重保障措施，筑牢乡村卫生服务网底，保障贫困人口基本医疗需求。扎实推进生态扶贫，促进扶贫开发与生态保护相协调。坚持扶贫与扶志扶智相结合，加强贫困地区职业教育和技能培训，加强开发式扶贫与保障性扶贫统筹衔接，着力解决“一兜了之”和部分贫困人口等靠要问题，增强贫困群众内生动力和自我发展能力。切实加强一线精准帮扶力量，选优配强驻村工作队伍。关心关爱扶贫干部，加大工作支持力度，帮助解决实际困难，解除后顾之忧。持续开展扶贫领域腐败和作风问题专项治理，严厉查处虚报冒领、贪占挪用和优亲厚友、吃拿卡要等问题。

（四）巩固和扩大脱贫攻坚成果。攻坚期内贫困县、贫困村、贫困人口退出后，相关扶贫政策保持稳定，减少和防止贫困人口返贫。研究解决收入水平略高于建档立卡贫困户的群众缺乏政策支持等新问题。坚持和推广脱贫攻坚中的好经验好做法好路子。做好脱贫攻坚与乡村振兴的衔接，对摘帽后的贫困县要通过实施乡村振兴战略巩固发展成果，接续推动经济社会发展和群众生活改善。总结脱贫攻坚的实践创造和伟大精神。及早谋划脱贫攻坚目标任务2020年完成后的战略思路。

二、夯实农业基础，保障重要农产品有效供给

（一）稳定粮食产量。毫不放松抓好粮食生产，推动藏粮于地、藏粮于技落实落地，确保粮食播种面积稳定在16.5亿亩。稳定完善扶持粮食生产政策举措，挖掘品种、技术、减灾等稳产增产潜力，保障农民种粮基本收益。发挥粮食主产区优势，完善粮食主产区利益补偿机制，健全产粮大县奖补政策。压实主销区和产销平衡区稳定粮食生产责任。严守18亿亩耕地红线，全面落实永久基本农田特殊保护制度，确保永久基本农田保持在15.46亿亩以上。建设现代气象为农服务体系。强化粮食安全省长责任制考核。

（二）完成高标准农田建设任务。巩固和提高

粮食生产能力，到2020年确保建成8亿亩高标准农田。修编全国高标准农田建设总体规划，统一规划布局、建设标准、组织实施、验收考核、上图入库。加强资金整合，创新投融资模式，建立多元筹资机制。实施区域化整体建设，推进田水林路电综合配套，同步发展高效节水灌溉。全面完成粮食生产功能区和重要农产品生产保护区划定任务，高标准农田建设项目优先向“两区”安排。恢复启动新疆优质棉生产基地建设，将糖料蔗“双高”基地建设范围覆盖到划定的所有保护区。进一步加强农田水利建设。推进大中型灌区续建配套节水改造与现代化建设。加大东北黑土地保护力度。加强华北地区地下水超采综合治理。推进重金属污染耕地治理修复和种植结构调整试点。

（三）调整优化农业结构。大力发展紧缺和绿色优质农产品生产，推进农业由增产导向转向提质导向。深入推进优质粮食工程。实施大豆振兴计划，多途径扩大种植面积。支持长江流域油菜生产，推进新品种新技术示范推广和全程机械化。积极发展木本油料。实施奶业振兴行动，加强优质奶源基地建设，升级改造中小奶牛养殖场，实施婴幼儿配方奶粉提升行动。合理调整粮经饲结构，发展青贮玉米、苜蓿等优质饲草料生产。合理确定内陆水域养殖规模，压减近海、湖库过密网箱养殖，推进海洋牧场建设，规范有序发展远洋渔业。降低江河湖泊和近海渔业捕捞强度，全面实施长江水生生物保护区禁捕。实施农产品质量安全保障工程，健全监管体系、监测体系、追溯体系。加大非洲猪瘟等动物疫情监测防控力度，严格落实防控举措，确保产业安全。

（四）加快突破农业关键核心技术。强化创新驱动发展，实施农业关键核心技术攻关行动，培育一批农业战略科技创新力量，推动生物种业、重型农机、智慧农业、绿色投入品等领域自主创新。建设农业领域国家重点实验室等科技创新平台基地，打造产学研深度融合平台，加强国家现代农业产业技术体系、科技创新联盟、产业创新中心、高新技术产业示范区、科技园区等建设。强化企业技术创新主体地位，培育农业科技创新型企业，支持符合条件的企业牵头实施技术创新项目。继续组织实施水稻、小麦、玉米、大豆和畜禽良种联合攻关，加快选育和推广优质草种。支持薄弱环节适用农机研发,促进农机装备产业转型升级,加快推进农业机械化。加强农业领域知识产权创造与应用。加快先进实用技术集成创新与推广应用。建立健全农业科研成果产权制度,赋予科研人员科技成果所有权,完善人才评价和流动保障机制,落实兼职兼薪、成果权益分配政策。

（五）实施重要农产品保障战略。加强顶层设计和系统规划,立足国内保障粮食等重要农产品供给,统筹用好国际国内两个市场、两种资源,科学确定国内重要农产品保障水平,健全保障体系,提高国内安全保障能力。将稻谷、小麦作为必保品种,稳定玉米生产,确保谷物基本自给、口粮绝对安全。加快推进粮食安全保障立法进程。在提质增效基础上,巩固棉花、油料、糖料、天然橡胶生产能力。加快推进并支持农业走出去,加强“一带一路”农业国际合作,主动扩大国内紧缺农产品进口,拓展多元化进口渠道,培育一批跨国农业企业集团,提高农业对外合作水平。加大农产品反走私综合治理力度。

三、扎实推进乡村建设，加快补齐农村人居环境和公共服务短板

（一）抓好农村人居环境整治三年行动。深入学习推广浙江“千村示范、万村整治”工程经验，全面推开以农村垃圾污水治理、厕所革命和村容村貌提升为重点的农村人居环境整治，确保到2020年实现农村人居环境阶段性明显改善，村庄环境基本干净整洁有序，村民环境与健康意识普遍增强。鼓励各地立足实际、因地制宜，合理选择简便易行、长期管用的整治模式，集中攻克技术难题。建立地方为主、中央补助的政府投入机制。中央财政对农村厕所革命整村推进等给予补助，对农村人居环境整治先进县给予奖励。中央预算内投资安排专门资金支持农村人居环境整治。允许县级按规定统筹整合相关资金，集中用于农村人居环境整治。鼓励社会力量积极参与，将农村人居环境整治与发展乡村休闲旅游等有机结合。广泛开展村庄清洁行动。开展美丽宜居村庄和最美庭院创建活动。农村人居环境整

治工作要同农村经济发展水平相适应、同当地文化和风土人情相协调,注重实效,防止做表面文章。

（二）实施村庄基础设施建设工程。推进农村饮水安全巩固提升工程,加强农村饮用水水源地保护,加快解决农村“吃水难”和饮水不安全问题。全面推进“四好农村路”建设,加大“路长制”和示范县实施力度,实现具备条件的建制村全部通硬化路,有条件的地区向自然村延伸。加强村内道路建设。全面实施乡村电气化提升工程,加快完成新一轮农村电网改造。完善县乡村物流基础设施网络,支持产地建设农产品贮藏保鲜、分级包装等设施,鼓励企业在县乡和具备条件的村建立物流配送网点。加快推进宽带网络向村庄延伸,推进提速降费。继续推进农村危房改造。健全村庄基础设施建管长效机制,明确各方管护责任,鼓励地方将管护费用纳入财政预算。

（三）提升农村公共服务水平。全面提升农村教育、医疗卫生、社会保障、养老、文化体育等公共服务水平,加快推进城乡基本公共服务均等化。推动城乡义务教育一体化发展,深入实施农村义务教育学生营养改善计划。实施高中阶段教育普及攻坚计划，加强农村儿童健康改善和早期教育、学前教育。加快标准化村卫生室建设，实施全科医生特岗计划。建立健全统一的城乡居民基本医疗保险制度，同步整合城乡居民大病保险。完善城乡居民基本养老保险待遇确定和基础养老金正常调整机制。统筹城乡社会救助体系，完善最低生活保障制度、优抚安置制度。加快推进农村基层综合性文化服务中心建设。完善农村留守儿童和妇女、老年人关爱服务体系，支持多层次农村养老事业发展，加强和改善农村残疾人服务。推动建立城乡统筹的基本公共服务经费投入机制，完善农村基本公共服务标准。

（四）加强农村污染治理和生态环境保护。统筹推进山水林田湖草系统治理，推动农业农村绿色发展。加大农业面源污染治理力度，开展农业节肥节药行动，实现化肥农药使用量负增长。发展生态循环农业，推进畜禽粪污、秸秆、农膜等农业废弃物资源化利用，实现畜牧养殖大县粪污资源化利用整县治理全覆盖，下大力气治理白色污染。扩大轮作休耕制度试点。创建农业绿色发展先行区。实施乡村绿化美化行动,建设一批森林乡村,保护古树名木,开展湿地生态效益补偿和退耕还湿。全面保护天然林。加强“三北”地区退化防护林修复。扩大退耕还林还草,稳步实施退牧还草。实施新一轮草原生态保护补助奖励政策。落实河长制、湖长制,推进农村水环境治理,严格乡村河湖水域岸线等水生态空间管理。

(五)强化乡村规划引领。把加强规划管理作为乡村振兴的基础性工作,实现规划管理全覆盖。以县为单位抓紧编制或修编村庄布局规划,县级党委和政府要统筹推进乡村规划工作。按照先规划后建设的原则,通盘考虑土地利用、产业发展、居民点建设、人居环境整治、生态保护和历史文化传承,注重保持乡土风貌,编制多规合一的实用性村庄规划。加强农村建房许可管理。

四、发展壮大乡村产业,拓宽农民增收渠道

(一)加快发展乡村特色产业。因地制宜发展

多样性特色农业，倡导“一村一品”、“一县一业”。积极发展果菜茶、食用菌、杂粮杂豆、薯类、中药材、特色养殖、林特花卉苗木等产业。支持建设一批特色农产品优势区。创新发展具有民族和地域特色的乡村手工业，大力挖掘农村能工巧匠，培育一批家庭工场、手工作坊、乡村车间。健全特色农产品质量标准体系，强化农产品地理标志和商标保护，创响一批“土字号”、“乡字号”特色产品品牌。

（二）大力发展现代农产品加工业。以“粮头食尾”、“农头工尾”为抓手，支持主产区依托县域形成农产品加工产业集群，尽可能把产业链留在县域，改变农村卖原料、城市搞加工的格局。支持发展适合家庭农场和农民合作社经营的农产品初加工，支持县域发展农产品精深加工，建成一批农产品专业村镇和加工强县。统筹农产品产地、集散地、销地批发市场建设，加强农产品物流骨干网络和冷链物流体系建设。培育农业产业化龙头企业和联合体，推进现代农业产业园、农村产业融合发展示范园、农业产业强镇建设。健全农村一二三产业融合发展利益联结机制，让农民更多分享产业增值收益。

（三）发展乡村新型服务业。支持供销、邮政、农业服务公司、农民合作社等开展农技推广、土地托管、代耕代种、统防统治、烘干收储等农业生产性服务。充分发挥乡村资源、生态和文化优势，发展适应城乡居民需要的休闲旅游、餐饮民宿、文化体验、健康养生、养老服务等产业。加强乡村旅游基础设施建设，改善卫生、交通、信息、邮政等公共服务设施。

（四）实施数字乡村战略。深入推进“互联网+农业”，扩大农业物联网示范应用。推进重要农产品全产业链大数据建设，加强国家数字农业农村系统建设。继续开展电子商务进农村综合示范，实施“互联网+”农产品出村进城工程。全面推进信息进村入户，依托“互联网+”推动公共服务向农村延伸。

（五）促进农村劳动力转移就业。落实更加积极的就业政策，加强就业服务和职业技能培训，促进农村劳动力多渠道转移就业和增收。发展壮大县域经济，引导产业有序梯度转移，支持适宜产业向小城镇集聚发展，扶持发展吸纳就业能力强的乡村企业，支持企业在乡村兴办生产车间、就业基地，增加农民就地就近就业岗位。稳定农民工就业，保障工资及时足额发放。加快农业转移人口市民化，推进城镇基本公共服务常住人口全覆盖。

（六）支持乡村创新创业。鼓励外出农民工、高校毕业生、退伍军人、城市各类人才返乡下乡创新创业，支持建立多种形式的创业支撑服务平台，完善乡村创新创业支持服务体系。落实好减税降费政策，鼓励地方设立乡村就业创业引导基金，加快解决用地、信贷等困难。加强创新创业孵化平台建设，支持创建一批返乡创业园，支持发展小微企业。

五、全面深化农村改革，激发乡村发展活力

（一）巩固和完善农村基本经营制度。坚持家庭经营基础性地位，赋予双层经营体制新的内涵。突出抓好家庭农场和农民合作社两类新型农业经营主体，启动家庭农场培育计划，开展农民合作社规范提升行动，深入推进示范合作社建设，建立健全支持家庭农场、农民合作社发展的政策体系和管理

制度。落实扶持小农户和现代农业发展有机衔接的政策,完善“农户+合作社”、“农户+公司”利益联结机制。加快培育各类社会化服务组织,为一家一户提供全程社会化服务。加快出台完善草原承包经营制度的意见。加快推进农业水价综合改革,健全节水激励机制。继续深化供销合作社综合改革,制定供销合作社条例。深化集体林权制度和国有林区林场改革。大力推进农垦垦区集团化、农场企业化改革。

(二)深化农村土地制度改革。保持农村土地承包关系稳定并长久不变,研究出台配套政策,指导各地明确第二轮土地承包到期后延包的具体办法,确保政策衔接平稳过渡。完善落实集体所有权、稳定农户承包权、放活土地经营权的法律法规和政策体系。在基本完成承包地确权登记颁证工作基础上,开展“回头看”,做好收尾工作,妥善化解遗留问题,将土地承包经营权证书发放至农户手中。健全土地流转规范管理制度,发展多种形式农业适度规模经营,允许承包土地的经营权担保融资。总结好农村土地制度三项改革试点经验,巩固改革成果。

坚持农村土地集体所有、不搞私有化,坚持农地农用、防止非农化,坚持保障农民土地权益、不得以退出承包地和宅基地作为农民进城落户条件,进一步深化农村土地制度改革。在修改相关法律的基础上,完善配套制度,全面推开农村土地征收制度改革和农村集体经营性建设用地入市改革,加快建立城乡统一的建设用地市场。加快推进宅基地使用权确权登记颁证工作,力争2020年基本完成。稳慎推进农村宅基地制度改革,拓展改革试点,丰富试点内容,完善制度设计。抓紧制定加强农村宅基地管理指导意见。研究起草农村宅基地使用条例。开展闲置宅基地复垦试点。允许在县域内开展全域乡村闲置校舍、厂房、废弃地等整治,盘活建设用地重点用于支持乡村新产业新业态和返乡下乡创业。严格农业设施用地管理,满足合理需求。巩固"大棚房"问题整治成果。按照"取之于农,主要用之于农"的要求,调整完善土地出让收入使用范围,提高农业农村投入比例,重点用于农村人居环境整治、村庄基础设施建设和高标准农田建设。扎实开展新增耕地指标和城乡建设用地增减挂钩节余指标跨省域调剂使用，调剂收益全部用于巩固脱贫攻坚成果和支持乡村振兴。加快修订土地管理法、物权法等法律法规。

（三）深入推进农村集体产权制度改革。按期完成全国农村集体资产清产核资，加快农村集体资产监督管理平台建设，建立健全集体资产各项管理制度。指导农村集体经济组织在民主协商的基础上，做好成员身份确认，注重保护外嫁女等特殊人群的合法权利，加快推进农村集体经营性资产股份合作制改革，继续扩大试点范围。总结推广资源变资产、资金变股金、农民变股东经验。完善农村集体产权权能，积极探索集体资产股权质押贷款办法。研究制定农村集体经济组织法。健全农村产权流转交易市场，推动农村各类产权流转交易公开规范运行。研究完善适合农村集体经济组织特点的税收优惠政策。

（四）完善农业支持保护制度。按照增加总量、优化存量、提高效能的原则，强化高质量绿色发展导向，加快构建新型农业补贴政策体系。按照适应世贸组织规则、保护农民利益、支持农业发展的原则，抓紧研究制定完善农业支持保护政策的意见。调整改进“黄箱”政策，扩大“绿箱”政策使用范围。按照更好发挥市场机制作用取向，完善稻谷和小麦最低收购价政策。完善玉米和大豆生产者补贴政策。健全农业信贷担保费率补助和以奖代补机制，研究制定担保机构业务考核的具体办法，加快做大担保规模。按照扩面增品提标的要求，完善农业保险政策。推进稻谷、小麦、玉米完全成本保险和收入保险试点。扩大农业大灾保险试点和“保险+期货”试点。探索对地方优势特色农产品保险实施以奖代补试点。打通金融服务“三农”各个环节，建立县域银行业金融机构服务“三农”的激励约束机制，实现普惠性涉农贷款增速总体高于各项贷款平均增速。推动农村商业银行、农村合作银行、农村信用社逐步回归本源，为本地“三农”服务。研究制定商业银行“三农”事业部绩效考核和激励的具体办法。用好差别化准备金率和差异化监管等政策，切实降低“三农”信贷担保服务门槛，鼓励银行业金融机构加大对乡村振兴和脱贫攻坚中长期信贷支持力度。支持重点领域特色农产品期货期权品种上市。

六、完善乡村治理机制，保持农村社会和谐稳定

（一）增强乡村治理能力。建立健全党组织领导的自治、法治、德治相结合的领导体制和工作机制，发挥群众参与治理主体作用。开展乡村治理体系建设试点和乡村治理示范村镇创建。加强自治组织规范化制度化建设，健全村级议事协商制度，推进村级事务公开，加强村级权力有效监督。指导农村普遍制定或修订村规民约。推进农村基层依法治理，建立健全公共法律服务体系。加强农业综合执法。

（二）加强农村精神文明建设。引导农民践行社会主义核心价值观，巩固党在农村的思想阵地。加强宣传教育，做好农民群众的思想工作，宣传党的路线方针和强农惠农富农政策，引导农民听党话、感党恩、跟党走。开展新时代文明实践中心建设试点，抓好县级融媒体中心建设。深化拓展群众性精神文明创建活动，推出一批农村精神文明建设示范县、文明村镇、最美家庭，挖掘和树立道德榜样典型，发挥

示范引领作用。支持建设文化礼堂、文化广场等设施，培育特色文化村镇、村寨。持续推进农村移风易俗工作，引导和鼓励农村基层群众性自治组织采取约束性强的措施，对婚丧陋习、天价彩礼、孝道式微、老无所养等不良社会风气进行治理。

（三）持续推进平安乡村建设。深入推进扫黑除恶专项斗争，严厉打击农村黑恶势力，杜绝"村霸"等黑恶势力对基层政权的侵蚀。严厉打击敌对势力、邪教组织、非法宗教活动向农村地区的渗透。推进纪检监察工作向基层延伸，坚决查处发生在农民身边的不正之风和腐败问题。健全落实社会治安综合治理领导责任制。深化拓展网格化服务管理，整合配优基层一线平安建设力量，把更多资源、服务、管理放到农村社区。加强乡村交通、消防、公共卫生、食品药品安全、地质灾害等公共安全事件易发领域隐患排查和专项治理。加快建设信息化、智能化农村社会治安防控体系，继续推进农村"雪亮工程"建设。坚持发展新时代"枫桥经验"，完善农村矛盾纠纷排查调处化解机制，提高服务群众、维护稳定的能力和水平。

七、发挥农村党支部战斗堡垒作用，全面加强农村基层组织建设

（一）强化农村基层党组织领导作用。抓实建强农村基层党组织，以提升组织力为重点，突出政治功能，持续加强农村基层党组织体系建设。增加先进支部、提升中间支部、整顿后进支部，以县为单位对软弱涣散村党组织“一村一策”逐个整顿。对村“两委”换届进行一次“回头看”，坚决把受过刑事处罚、存在“村霸”和涉黑涉恶等问题的村“两委”班子成员清理出去。实施村党组织带头人整体优化提升行动，配齐配强班子。全面落实村党组织书记县级党委备案管理制度。建立第一书记派驻长效工作机制，全面向贫困村、软弱涣散村和集体经济空壳村派出第一书记，并向乡村振兴任务重的村拓展。加大从高校毕业生、农民工、退伍军人、机关事业单位优秀党员中培养选拔村党组织书记力度。健全从优秀村党组织书记中选拔乡镇领导干部、考录乡镇公务员、招聘乡镇事业编制人员的常态化机制。落实村党组织 5 年任期规

定，推动全国村“两委”换届与县乡换届同步进行。优化农村党员队伍结构，加大从青年农民、农村外出务工人员中发展党员力度。健全县级党委抓乡促村责任制，县乡党委要定期排查并及时解决基层组织建设突出问题。加强和改善村党组织对村级各类组织的领导，健全以党组织为领导的村级组织体系。全面推行村党组织书记通过法定程序担任村委会主任，推行村“两委”班子成员交叉任职，提高村委会成员和村民代表中党员的比例。加强党支部对村级集体经济组织的领导。全面落实“四议两公开”，健全村级重要事项、重大问题由村党组织研究讨论机制。

（二）发挥村级各类组织作用。理清村级各类组织功能定位，实现各类基层组织按需设置、按职履责、有人办事、有章理事。村民委员会要履行好基层群众性自治组织功能，增强村民自我管理、自我教育、自我服务能力。全面建立健全村务监督委员会，发挥在村务决策和公开、财产管理、工程项目建设、惠农政策措施落实等事项上的监督作用。强化集体经济组织服务功能，发挥在管理集体资产、合理开发集体资源、服务集体成员等方面的作用。发挥农村社会组织在服务农民、树立新风等方面的积极作用。

（三）强化村级组织服务功能。按照有利于村级组织建设、有利于服务群众的原则，将适合村级组织代办或承接的工作事项交由村级组织，并保障必要工作条件。规范村级组织协助政府工作事项，防止随意增加村级组织工作负担。统筹乡镇站所改革，强化乡镇为农服务体系建设，确保乡镇有队伍、有资源为农服务。

（四）完善村级组织运转经费保障机制。健全以财政投入为主的稳定的村级组织运转经费保障制度，全面落实村干部报酬待遇和村级组织办公经费，建立正常增长机制，保障村级公共服务运行维护等其他必要支出。把发展壮大村级集体经济作为发挥农村基层党组织领导作用的重要举措，加大政策扶持和统筹推进力度，因地制宜发展壮大村级集体经济，增强村级组织自我保障和服务农民能力。

八、加强党对“三农”工作的领导，落实农业农村优先发展总方针

（一）强化五级书记抓乡村振兴的制度保障。

实行中央统筹、省负总责、市县乡抓落实的农村工作机制，制定落实五级书记抓乡村振兴责任的实施细则，严格督查考核。加强乡村振兴统计监测工作。2019 年各省（自治区、直辖市）党委要结合本地实际，出台市县党政领导班子和领导干部推进乡村振兴战略的实绩考核意见，并加强考核结果应用。各地区各部门要抓紧梳理全面建成小康社会必须完成的硬任务，强化工作举措，确保 2020 年圆满完成各项任务。

（二）牢固树立农业农村优先发展政策导向。各级党委和政府必须把落实“四个优先”的要求作为做好“三农”工作的头等大事，扛在肩上、抓在手上，同政绩考核联系到一起，层层落实责任。优先考虑“三农”干部配备，把优秀干部充实到“三农”战线，把精锐力量充实到基层一线，注重选拔熟悉“三农”工作的干部充实地方各级党政班子。优先满足“三农”发展要素配置，坚决破除妨碍城乡要素自由流动、平等交换的体制机制壁垒，改变农村要素单向流出格局，推动资源要素向农村流动。优先保障“三农”资金投入，坚持把农业农村作为财政优先保障领域和金融优先服务领域，公共财政更大力度向“三农”倾斜，县域新增贷款主要用于支持乡村振兴。地方政府债券资金要安排一定比例用于支持农村人居环境整治、村庄基础设施建设等重点领域。优先安排农村公共服务，推进城乡基本公共服务标准统一、制度并轨，实现从形式上的普惠向实质上的公平转变。完善落实农业农村优先发展的顶层设计，抓紧研究出台指导意见和具体实施办法。

（三）培养懂农业、爱农村、爱农民的“三农”工作队伍。建立“三农”工作干部队伍培养、配备、管理、使用机制，落实关爱激励政策。引导教育“三农”干部大兴调查研究之风，倡导求真务实精神，密切与群众联系，加深对农民感情。坚决纠正脱贫攻坚和乡村振兴工作中的形式主义、官僚主义，清理规范各类检查评比、考核督导事项，切实解决基层疲于迎评迎检问题，让基层干部把精力集中到为群众办实事办好事上来。把乡村人才纳入各级人才培养计划予以重点支持。建立县域人才统筹使用制度和乡村人才定向委托培养制度，探索通过岗编适度分离、在岗学历教育、创新职称评定等多种方式，引导各类人才投身乡村振兴。对作出突出贡献的各类人才给予表彰和奖励。实施新型职业农民培育工程。大力发展面向乡村需求的职业教育,加强高等学校涉农专业建设。抓紧出台培养懂农业、爱农村、爱农民"三农"工作队伍的政策意见。

(四)发挥好农民主体作用。加强制度建设、政策激励、教育引导,把发动群众、组织群众、服务群众贯穿乡村振兴全过程,充分尊重农民意愿,弘扬自力更生、艰苦奋斗精神,激发和调动农民群众积极性主动性。发挥政府投资的带动作用,通过民办公助、筹资筹劳、以奖代补、以工代赈等形式,引导和支持村集体和农民自主组织实施或参与直接受益的村庄基础设施建设和农村人居环境整治。加强筹资筹劳使用监管,防止增加农民负担。出台村庄建设项目简易审批办法,规范和缩小招投标适用范围,让农民更多参与并从中获益。

当前,做好"三农"工作意义重大、任务艰巨、要求迫切,除上述 8 个方面工作之外,党中央、国务院部署的其他各项工作必须久久为功、狠抓落实、务求实效。

让我们紧密团结在以习近平同志为核心的党中央周围，全面贯彻落实习近平总书记关于做好“三农”工作的重要论述，锐意进取、攻坚克难、扎实工作，为决胜全面建成小康社会、推进乡村全面振兴作出新的贡献。

对标硬任务　做好“三农”工作

——访中央农办主任、农业农村部部长韩长赋

“务农重本，国之大纲”。习近平总书记指出，2019年是决胜全面建成小康社会第一个百年奋斗目标的关键之年，做好“三农”工作对有效应对各种风险挑战、确保经济持续健康发展和社会大局稳定具有重大意义。

对标全面小康，今年“三农”工作有哪些硬任务？坚持农业农村优先发展，制度供给有何安排，农民如何得实惠？就中央一号文件系列决策部署，记者专访了中央农办主任、农业农村部部长韩长赋。

守住"三农"这个战略后院，发挥好农业农村压舱石作用

韩长赋表示，首先，文件强调做好"三农"工作特殊的重要性。当前，我国经济运行总体平稳，稳中有变、变中有忧，外部环境复杂严峻，经济面临下行压力，风险和困难明显增多。越是在这种情况下，越要稳住"三农"，守住这个战略后院，发挥好农业农村压舱石和稳定器的作用。坚持农业农村优先发展，体现了党中央对工农城乡关系深刻变化的科学把握，彰显了农业农村基本盘的战略定位。

其次，文件明确今明两年"三农"工作必须完成的硬任务。现在距2020年只有不到两年时间，"三农"领域面临许多必须完成的硬任务，比如打赢脱贫攻坚战，确保国家粮食安全，完成农村人居环境整治三年行动任务，实现农民人均可支配收入比2010年翻一番，确保农民生活达到小康水平等。文件列出任务清单，强化政策举措，集中力量补短板、强弱项，确保各项任务如期完成。

再有，细化农业农村优先发展的政策安排。去年的中央一号文件对坚持农业农村发展提出了原则要求。今年的中央一号文件对落实农业农村优先发展总方针进行了更加细化实化的部署安排，把落实农业农村优先发展同政绩考核联系到一起，进一步压实责任，确保做到能落实、见实效、可考核。

夯实农业农村优先发展制度基础，“四个优先”动真格

坚持农业农村优先发展，是党中央着眼全局，从解决城乡发展不平衡、乡村发展不充分矛盾出发提出的一个重大方针，如何才能落到实处、见到实效？

韩长赋认为，必须把农业农村优先发展的政策导向牢固树立起来，动真格、见真章，改变“三农”工作“说起来重要、干起来次要、忙起来不要”的现象。

在干部配备上优先考虑。把优秀干部充实到“三农”战线，把精锐力量充实到基层一线，注重选拔熟悉“三农”工作的干部充实地方各级党政班子。

在要素配置上优先满足。坚决破除阻碍要素自

由流动、平等交换的体制机制壁垒，引导和支持土地、人才、资金、技术、科技等各类发展要素向农业农村流动，释放农村巨大发展潜力。

在资金投入上优先保障。坚持把农业农村作为财政优先保障领域和金融优先服务领域。加大公共财政倾斜力度。打通金融服务“三农”各个环节，推动农村金融机构回归本源，县域新增贷款主要用于支持乡村振兴，地方政府债券资金要安排一定比例用于支持农村人居环境整治、村庄基础设施建设等重点领域。

在公共服务上优先安排。加快补齐农村基础设施短板，全面提升农村教育、医疗卫生、社会保障、养老、文化体育等公共服务水平，努力推进城乡基本公共服务标准统一、制度并轨，实现形式上的普惠向实质上的公平转变。

以供给侧改革为主线，以土地制度改革为牵引推进农村改革

今年是推进新一轮农村改革的开局之年，如何

推进改革激活农村活力？要以供给侧结构性改革为主线，以土地制度改革为牵引推进农村改革。深入推进农业供给侧结构性改革，要围绕“巩固、增强、提升、畅通”八字方针往深里做、往细里做。

韩长赋说：“农业供给侧结构性改革是一项系统工程。”当前，我国农业发展的主要矛盾已由总量不足转为结构性矛盾，矛盾的主要方面在供给侧。继续抓好去库存、降成本、补短板，把握好玉米去库存节奏，加大稻谷去库存力度，合理调整粮经饲结构，多措并举降低农业生产成本，加快补齐农业基础设施、生态环境、质量品牌等短板。

“处理好农民和土地的关系，仍然是深化农村改革的主线。”要保持农村土地承包关系稳定并长久不变，完善落实承包地“三权”分置的配套政策和法律法规。总结好农村土地制度三项改革试点经验，巩固改革成果。完善农村土地征收和农村集体经营性建设用地入市改革的配套制度，在修法基础上全面推开。稳慎推进农村宅基地制度改革，全面开展农村宅基地使用权确权登记颁证。

我国“大国小农”的基本国情决定了小农户家

庭经营在很长一个时期内仍将是我国农业的基本经营方式。要正确处理发展适度规模经营和扶持小农户的关系，落实扶持小农户发展的政策，将小农户引入现代农业发展的轨道。要突出抓好家庭农场和合作社两类新型经营主体，启动家庭农场培育计划，开展农民合作社规范提升行动，进一步提高农业经营效率。

“我国是农业大国，还有近6亿农民，农业还是弱质产业，这个特殊国情要求我们必须不断完善农业支持保护制度。要适应世贸组织规则和推进农业供给侧结构性改革的要求，统筹兼顾市场化改革取向和保护农民利益的关系，强化高质量绿色发展导向，按照增加总量、优化存量、提高效能的原则，进一步完善农业支持保护政策。”韩长赋说。

对标全面小康硬任务，精准扶贫和农村人居环境整治稳扎稳打

打赢脱贫攻坚战是全面建成小康社会最大的硬任务，是实施乡村战略的优先任务。韩长赋说，今年

重点是咬定既定脱贫目标，全面排查解决影响“两不愁三保障”实现的突出问题，确保到2020年现行标准下农村贫困人口实现脱贫、贫困县全部摘帽、解决区域性整体贫困。要聚焦深度贫困地区，推动脱贫攻坚资金、重大工程项目、扶贫政策举措进一步向深度贫困地区倾斜，坚决攻下脱贫难度最大的深度贫困堡垒。要把脱贫与后续发展结合起来，深入实施产业、生态、教育、健康、社会保障等扶贫，强化易地扶贫搬迁后续措施，增强贫困地区、贫困群众内生动力和自我发展能力，减少和防止返贫，巩固和扩大脱贫攻坚成果，做好脱贫攻坚与乡村振兴的衔接。

农村人居环境整治是乡村振兴的重要内容和一场硬仗。韩长赋说：“良好生态环境是农村最大优势和宝贵财富，要守住生态保护红线，推动乡村自然资本加快增值，让良好生态成为乡村振兴的支撑点。”

今年重点是抓好农村人居环境整治三年行动，深入学习推广浙江“千村示范、万村整治”工程经验，推动农村人居环境整治工作从典型示范转向面上推开，重点做好垃圾污水处理、厕所革命、村容村貌提升。要注重同农村经济发展水平相适应，同当地文化和风土人情相协调，绝不能刮风、搞运动，做表面文章。

加强党的领导，充分发挥党管农村工作的政治优势制度优势

习近平总书记指出，农业农村农民问题是关系国计民生的根本性问题，必须始终把解决好“三农”问题作为全党工作重中之重。完成今年中央一号文件提出的硬任务，如何进一步加强党的领导？

韩长赋说，必须加强党对“三农”工作的领导，把党管农村工作的政治优势、制度优势充分发挥出来。

要加强农村基层党组织建设，充分发挥农村基层党组织战斗堡垒作用。以县为单位对软弱涣散村党组织“一村一策”逐个整顿。实施村党组织带头人整体优化提升行动，选好用好村党组织带头人，配齐配强班子，加大从青年农民、农村外出务工人员中发展党员力度。要加强和改善村党组织对村级各类

组织的领导。要增强村级组织服务能力。按照有利于村级组织建设、有利于服务群众的原则，将适合村级组织代办或承接的工作事项交由村级组织，并保障必要工作条件。健全以财政投入为主的稳定的村级组织运转经费保障制度。因地制宜发展壮大村级集体经济，增强村级组织自我保障和服务农民能力。

要把加强乡村治理作为夯实党在农村执政基础的固本之策。韩长赋表示，要充分发挥群众参与治理的主体作用，打造充满活力、和谐有序的善治乡村。加强农村精神文明建设。守牢农村思想文化阵地，引导农民践行社会主义核心价值观，深入挖掘农村优秀传统文化，通过村规民约等方式，推进农村移风易俗，革除陈规陋习，建设文明乡风。深入推进扫黑除恶专项斗争。坚决查处发生在农民身边的不正之风和腐败问题，加强农村矛盾纠纷调处化解和乡村公共安全隐患排查治理，努力确保农村社会风清气正、和谐稳定。

（人民日报记者　高云才　赵永平　郁静娴
2019年2月20日《人民日报》）

决胜全面建成小康社会
推进乡村全面振兴

人民日报社论

中国要强，农业必须强；中国要美，农村必须美；中国要富，农民必须富。

新春伊始，中共中央、国务院公开发布《关于坚持农业农村优先发展做好“三农”工作的若干意见》。这是新世纪以来，党中央连续发出的第十六个“一号文件”，为我们做好新时代“三农”工作，促进农业全面升级、农村全面进步、农民全面发展提供了重要遵循。

今年的“一号文件”立足“三农”发展新形势，对标全面建成小康社会“三农”工作必须完成的硬任务，适应国内外复杂形势变化对农村改革发展提出的新要求，突出强调牢牢把握稳中求进工作总基调，落实高质量发展要求，坚持农业农村优先发展总方针，巩固农业农村发展好形势。抓好各项硬任务的落实，对做好今明两年“三农”工作意义重大。

2018年是全面贯彻党的十九大精神的开局之年。在以习近平同志为核心的党中央坚强领导下，农业发展稳中有进，打赢脱贫攻坚战三年行动开局良好，乡村建设迈出新的步伐，农村改革深入推进，农村社会保持和谐稳定。“三农”持续向好形势进一步巩固，为保持经济持续健康发展和社会大局稳定奠定了坚实基础。

当前，经济下行压力加大，外部环境发生深刻变化，形势越是复杂，做好“三农”工作越具有特殊重要性。就当前看，农业仍是“四化同步”的短腿，农村还是全面建成小康社会的短板。只有稳住“三农”这个基本盘，才能为有效应对各种风险挑战赢得主动，为做好全局工作增添底气。确保顺利完成到2020年农村改革发展目标任务，是党中央对全体人民特别是亿万农民的庄严承诺，直接关系全面建成小康社会的成色和社会主义现代化的质量，关系我们党在人民群众中的威信。我们必须坚持把解决好“三农”问题作为全党工作重中之重不动摇，抓重点、补短板、强基础，推动乡村全面振兴，加快推进农业农村现代化。

小康不小康，关键看老乡。打赢脱贫攻坚战是全面建成小康社会的底线任务，必须不折不扣完成好。要聚力精准施策，决战决胜脱贫攻坚，主攻深度贫困地区，着力解决突出问题，巩固扩大脱贫攻坚成果。要扎实推进乡村建设，加快补齐农村人居环境和公共服务短板；发展壮大乡村产业，拓宽农民增收渠道；完善乡村治理机制，保持农村社会和谐稳定，不断提高广大农民的获得感、幸福感、安全感。

手中有粮，心中不慌。对于一个有着近14亿人口的大国来说，粮食问题须臾不能放松。随着消费升级，人们的需求已从吃得饱转向吃得好、吃得健康。要达到这一目标，进一步夯实农业基础、保障重要农产品有效供给是前提。农业农村发展，根本依靠深化改革。要围绕“巩固、增强、提升、畅通”把农业供给侧结构性改革往深里做、往细里做，以土地制度改革为牵引推进农村改革，通过改革释放发展活力，为乡村振兴和农业农村现代化增添动力。

办好农村的事情，关键在党。要加强党对“三农”工作的全面领导，把农业农村优先发展落到实处，强化五级书记抓乡村振兴制度保障，培养懂农业、爱农村、爱农民的“三农”工作队伍，充分发挥好农村党支部战斗堡垒作用和农民主体作用。要坚持从实际出发做好“三农”工作，因地制宜、分类施策，循序渐进、量力而行，稳扎稳打、久久为功，注重实效、防止做表面文章。

没有农业农村的现代化，就没有国家的现代化。没有乡村的振兴，就没有中华民族伟大复兴。今年是新中国成立70周年，是全面建成小康社会的关键之年。全面贯彻落实习近平总书记关于做好“三农”工作的重要论述，锐意进取、攻坚克难、扎实工作，我们就能让亿万农民有更多实实在在的获得感、幸福感、安全感，谱写新时代乡村全面振兴的新篇章。

（2019年2月20日《人民日报》）

图书在版编目(CIP)数据

中共中央国务院关于坚持农业农村优先发展做好“三农”工作的若干意见. —北京:人民出版社,2019.2
ISBN 978 - 7 - 01 - 020461 - 1

Ⅰ.①中…　Ⅱ.　Ⅲ.①三农政策-中国-学习参考资料
Ⅳ.①F320②D422.7

中国版本图书馆 CIP 数据核字(2019)第 035589 号

中共中央国务院关于坚持农业农村
优先发展做好“三农”工作的若干意见

ZHONGGONGZHONGYANG GUOWUYUAN GUANYU JIANCHI NONGYE NONGCUN
YOUXIAN FAZHAN ZUOHAO SANNONG GONGZUO DE RUOGAN YIJIAN

人民出版社 出版发行
(100706　北京市东城区隆福寺街 99 号)

北京新华印刷有限公司印刷　新华书店经销

2019 年 2 月第 1 版　2019 年 2 月北京第 1 次印刷
开本:880 毫米×1230 毫米 1/32　印张:1.5
字数:21 千字

ISBN 978 - 7 - 01 - 020461 - 1　定价:4.00 元

邮购地址 100706　北京市东城区隆福寺街 99 号
人民东方图书销售中心　电话 (010)65250042　65289539